Quando presto atenção

Georgia Barcellos

BbB
Bebel Books

Mezzo forasteira, mezzo carioca

HÁ QUATRO anos eu moro no Rio. Por quase 40 eu sonhei em morar aqui. Afinal, para quem cresceu entre as montanhas, ter o mar por perto é um luxo só.

É claro que morar aqui me trouxe outras vivências além da vida à beira-mar, mais ou menos celebradas. Para mim o Rio é um extrato que concentra o que o país tem de melhor e de pior – se ele fosse espremido e dele caísse uma gota, ela seria essa cidade.

Ainda perco o fôlego com essa mistura de natureza exuberante, ocupação urbana e muita luz. Me encanto com as artes visuais e o design feito por quem cresceu impregnado por essa visão.

Adoro a falta de cerimônia do carioca. O hábito de conversar com qualquer um, a qualquer hora. E o deboche. Outro dia, andando na rua com um vestido branco de bolas pretas, uma senhora que passava por mim soltou: olha o cordão do Bola Preta! Comecei a admirar o caldo musical daqui e a pular o carnaval dos blocos que não acabam nunca.

Como nem tudo são flores, há o dom de eleger os piores candidatos que se pode imaginar, a falta de compromisso, a mania de levar vantagem – da fila à corrupção. Vejo uma sociedade concentrada nos extremos: os que acham que bandido bom é bandido morto e os que alimentam o tráfico que domina essa cidade. Já da violência, melhor nem falar.

A minha visão já não é mais a de uma forasteira e nem a de uma carioca – a cultura do lugar vai penetrando na gente. Vou incorporando até hábitos que critico. Viver no Rio é como sua topografia: cheia de altos e baixos. Não é para qualquer um. Continua sendo para mim.

Dizem: você não sai mais do Rio. Mas a vida tem das suas e, como já saí da minha cidade, criei raízes que se acostumaram a penetrar em diferentes solos. Mas... pela exuberância das helicônias e das ripsalis que vejo agora da minha janela, te pergunto: haverá solo mais fértil?

Musas

EM MINHAS caminhadas matinais, quando venço a preguiça, o mau humor ou a melancolia, saio com a Lola por volta das 7.

Vamos ora pelo calçadão, ora pela areia. Quando escolho a primeira opção, encontro meus conhecidos: o treinador de ginástica funcional de língua presa e papo solto, a senhora que passeia com seus cinco cães, os quatro senhores que jogam gamão à sombra dos coqueiros. Mas é só no fim do caminho que encontro minhas musas.

Uma delas é Maria Helena, que vejo deitada de bruços no primeiro banco do calçadão do Leme: a moradora do Morro da Babilônia, uns 55, uma perna amputada e há anos na fila da cirurgia de catarata, está sempre com um livro colado nos olhos. Neste sábado estava lendo *A visita cruel do tempo*; disse que não tinha gostado e que iria abandoná-lo. "Ó, que coincidência, também o abandonei." Lê os exemplares que deixam na caixinha de trocas ali perto ou que lhe dão pessoalmente. Adora os cães, que correm até ela para receber beijos e cafunés. Falamos sobre o dia quase sempre lindo, a fresca brisa do mar, o banheiro que conseguiu azulejar, o episódio do motorista que não a esperou descer do ônibus, o que estamos lendo. Sinto sua falta quando não a vejo.

Já a outra musa nunca sai de onde está: em sua escultura, Clarice Lispector está sentada na Mureta do Leme e tem Ulisses a seu lado, com aquele olhar de devoção que os cães dirigem a seus donos. É uma pena que estejam de costas para a vista mais bonita da Praia de Copacabana. Duvido que ficassem assim na vida real. Em suas crônicas no JB, a escritora,

que morou nos seus últimos anos no Leme, falava da sua fascinação pelo mar, do cheiro denso da maresia e das sensações que eles despertavam nela. Imagino que ela fazia como eu: burlava a lei e soltava Ulisses na areia pela manhã. Não há lugar melhor do que a praia para soltar os cães e os pensamentos.

Sinto-me conectada a essas duas mulheres de tempos, mundos e situações completamente distintos porque penso que elas acreditam (ou acreditavam) que a brisa do mar, a leitura de um bom livro e a companhia de um cão podem nos resgatar da melancolia, da preguiça, do mau humor ou de qualquer outro mal que possa nos acometer.

Brises da paz

NOS ÚLTIMOS quatro anos, trabalhei perto de casa e minha rotina transcorria num pedaço de Copacabana: sair à rua, cumprimentar os porteiros, recusar e agradecer a mocinha pelo folheto do curso Embelleze na Siqueira Campos, reconhecer os caras da máfia dos camelôs da Nossa Senhora de Copacabana, ver mais uma vez a cover da Xuxa cantando *Ilariê*, chegar no trabalho, preparar o chá e sentar no meu canto tendo a Praça Serzedelo Correia às minhas costas e uma faixa da praia à minha esquerda.

Neste período, descobri um amolador de facas ninja, um divino *macaron* de doce de leite, o meu restaurante mineiro, todos os estúdios de yoga do bairro e, como não?, virei fã de Copacabana.

Mas eis que, num piscar de olhos, o escritório se mudou para a Cinelândia. A ideia me pareceu boa: apesar de levar 15 minutos mais no deslocamento, poderia frequentar a região do Rio que concentra incríveis equipamentos culturais e criar novas relações com a cidade.

Então a semana começou e meu entusiasmo deu lugar a um desconforto enorme. A mudança foi rápida demais e não tive tempo suficiente para me preparar psicologicamente. Achei tudo muito hostil: a barriga do homem nas minhas costas no vagão do metrô (e o pensamento: "Ainda bem que é a barriga"), as avenidas largas, marquises idem com incontáveis moradores de rua, o calor surreal e os pingos dos aparelhos de ar-condicionado cavando

Quando
presto
atenção

minha cabeça. A escala humana tinha ido embora e eu me sentia oprimida nas ruas e no escritório novo onde, na hora em que meus olhos escapavam para a esquerda em busca de uma ideia, não encontravam mais o céu e sim o teto.

Decidi ir em busca de algum conforto: assistir à peça do grupo mineiro Galpão. Chegando ao Sesc, avisaram que uma das atrizes do grupo não poderia atuar e o espetáculo tinha sido cancelado. Buf. E agora? Ao sentar num bar com vista para o Palácio Gustavo Capanema, opa, senti aquela alegriazinha de um reencontro: lembrei-me dos estudos de arquitetura moderna, do rodopio pelos seus pilotis em algum bloco de Carnaval e de um vídeo incrível do Drummond em que ele corre e esconde-se atrás da colunas do Palácio.

O edifício está sendo recuperado, há um tapume à sua volta, o que não impede a contemplação de um painel de Portinari e dos brises-soleils, do equilíbrio entre a escala humana e a dos boulevares, entre o modernismo e a tradição.

Não sei se foi por admirar o belo e o familiar, pela cerveja ou pela boa companhia, mas o fato é que, depois de dias de angústia no novo entorno, eu me senti em paz numa esquina da Rua Graça Aranha.

Quando meu Rio era pequeno

MINHAS PRIMEIRAS memórias do Rio são da Praia de Ipanema e da casa da minha avó Assma, na Visconde de Pirajá 555, onde eu, pequenina, ia com meus pais e irmãs.

Lembro-me do meu avô Barcellos levando pacotes de figurinhas e caixas de picolés que a gente chupava rapidinho para descobrir que tinham palitos não eram premiados – mas que depois viravam barquinhos e casinhas. Ele fazia uns alongamentos mequetrefes, e a gente bagunçava seu cabelo de gel Bozzano azul quando ele abaixava o tronco para a frente.

Vovó Assma caprichava na cozinha: fazia O caldo de feijão, que a minha irmã Renata tomava num prato verde só dela, o que me dava invejinha. Tinha também casadinho, cuscuz de tapioca com coco, empadinha... tudo dos deuses. Além do charuto de uva, da pasta de grão de bico e do quibe, pratos em que ela, como filha de libaneses, era craque. Servia amor em porções.

COBRA JACARE

ELEFANTE

Da casa, lembro-me das pastilhas coloridas do piso do banheiro, da chama do aquecedor a gás durante o banho, da poltrona-cama de listras alaranjadas e marrons, anos 1970, onde eu dormia. Na sala tinha um espelho na parede, pendurado de um jeito inclinado, e a gente, brincando no chão, se via refletido. Mas a melhor memória da casa da vovó é a seguinte: toda vez que dava vontade de soltar pum, a gente corria para o quarto dela, entrava dentro do armário de portas de correr e soltava lá dentro.

Recordo-me da minha saída de praia vermelha, dos baldinhos, dos tatuís que faziam cosquinha nos pés e daquela pasta d'água fedorenta que minha

mãe passava no nosso nariz e nos ombros. Meu pai pelejava com seu exemplar do Jornal do Brasil, que teimava em voar. A Renata, muito branca, tinha que ficar de camiseta para não queimar demais. Não me lembro do Morro Dois Irmãos, dos coqueiros, do Arpoador. O que importava, quando criança, era o que estava bem perto.

Agora, décadas depois, toda quarta-feira passo em frente ao número 555 da Visconde de Pirajá. Meus avós já se foram. Os tatuís e a pasta d'água, também. Minha memória resiste, assim como o prédio e o JB. A cada picolé ou caldinho de feijão lembro dos meus avós. Hoje comprei coco prum cuscuz.

A Glória dos meus bisavós

QUANDO, NUM sábado recente, eu descia a Rua Barão de Guaratiba, na Glória, perguntava-me se meus bisavós imaginavam que, mais de um século depois deles, uma de suas bisnetas faria o mesmo caminho que faziam diariamente para vender na redondeza o leite de suas vacas. José Ferreira Barcellos e Jesuína Mercês Ferreira moravam na casa de número 45 – hoje um predinho de três andares no 149 – desta travessa pouco conhecida da Rua do Catete.

Ambos da Ilha Terceira dos Açores, casaram-se no Rio em 1903. Ela tinha 22 anos e ele, apesar de ter 50, declarou na certidão que tinha 42 (e não imaginou o trabalho que esta mentirinha daria no nosso processo de solicitação do passaporte português). Dizem que tinha medo de ficar viúvo. Mas, ironia do destino, ela morreu aos 44 anos de uma espinha infeccionada – três anos antes da invenção da penicilina – e deixou sete filhos.

Desde que eu soube que a Barão de Guaratiba foi palco de suas vidas, ela, curiosamente, passou a fazer parte da minha também. De repente, passei a conviver com pessoas ligadas a esta rua – que moram, têm imóveis ou passeiam por ali –, numa frequência que desafia a lei das probabilidades. Veja só, esta não é uma via enorme, uma Avenida Nove de Julho, uma Nossa Senhora de Copacabana, onde moram e trabalham milhares de pessoas;

é uma dessas ladeiras estreitas, compridas e secretas do Rio. E estas coincidências não ficaram restritas aos encontros.

Um dia, minha prima Emília me mandou uma foto de um casarão com a legenda: "No dia em que você escrever um livro de crônicas, faça o lançamento aqui na Cabriola". Adivinhe onde fica este mix de livraria de poesia, escritório de arquitetura, sala com shows e saraus? Fui conhecê-la.

Lá, entre vinhos e conversas, enquanto pensava sobre o que esta rua e a história dos meus bisavós têm para me contar, disse mentalmente a eles: "Seu José e dona Mercês, obrigadinha por terem vindo para estas terras de cá, tido seus filhos, entre eles o meu avô Manoel. Por ora sei que, além do sobrenome e de um quarto dos genes, herdei de vocês esta certa melancolia portuguesa, a escolha de fazer desta cidade a minha casa e o gosto por ladeiras à beira-mar".

Onde essa rua vai dar?

TODA QUARTA-FEIRA eu tenho esta visão: a de quem está na Henrique Dumont indo no sentido da praia. Paro no sinal para virar à esquerda na Vieira Souto e sempre, todas as vezes, lembro-me de duas coisas:

1. De como esta vista simétrica, com a barraca no meio, é linda.

2. De quando, morando em BH, eu pegava uma rua qualquer que, por seu desenho, parecia, e somente parecia, é óbvio, que ia acabar no mar. Dava aquele frisson: *nuuú, imagina só.*

É muito bom quando uma rua, além de parecer que vai dar no mar, dá mesmo.

Memória de chantilly

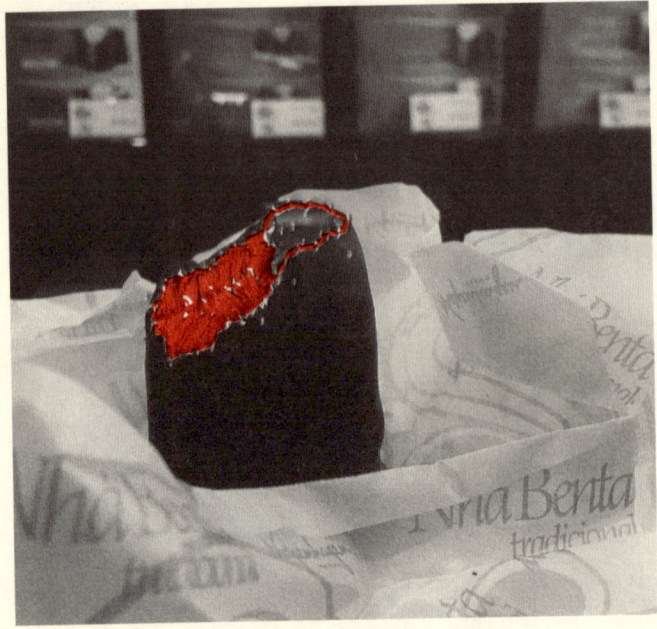

A THEREZINHA, minha tia-avó, sempre disse que nunca viu uma filha ter um olhar mais apaixonado pela mãe que eu. E eu, só de lembrar do meu sentimento de quando eu era muito pequena e minha mãe ia trabalhar, acho que a Therezinha tinha razão.

Mamãe nos buscava na aula, almoçávamos em casa e ela ia para o seu escritório. Ou então ela nos deixava no Minas Tênis Clube. Quando me despedia dela, com aquela dorzinha no coração, ainda pedia: "Traz um presentinho para mim?"

Se eu estivesse em casa, dormia depois do almoço, fazia dever de casa, brincava com a minha irmã Renata ou com a minha vizinha Fefê. Depois disso, esperava. Se estivesse no Minas, fazia alguma aula chata (eu detestava, e ainda detesto, esportes competitivos) e ficava na portaria da Rua Espírito Santo conversando com o porteiro Antônio e dando cambalhotas no portão enquanto ansiava pela chegada de minha mãe. Independentemente de onde a aguardava, para mim ela sempre demorava.

A presença da minha mãe ocupava todos os espaços; e ela era dessas que entravam no mundo dos pequenos: brincava de esconde-esconde, fazia cafuné, cantava uma música triste do bezerro que vira boi e vai para o abate.

Quando ela chegava, era um mix de alegria e alívio. E quando tinha o tal presentinho, então, eu me sentia devidamente recompensada pela minha espera: uma nhá benta da Kopenhagen. Ela vinha dentro de uma caixa, enrolada num papel de seda branco, majestosamente construída sobre um biscoitinho redondo. Eu a comia devagar e ficava com um bigode de marshmallow. E, seja pela presença da minha mãe, seja pela dose cavalar de açúcar no sangue, eu ficava em paz.

Hoje eu não gosto mais tanto de nhá benta, acho muito doce, própria para um paladar infantil. Mas quando, no meio de uma semana de trabalho, bate uma saudade da minha mãe e das tardes recheadas de espera e de brincadeiras, eu passo depois do almoço na Kopenhagen da Rua Figueiredo de Magalhães, peço uma das pequenas e mato as saudades da infância – ou pelo menos de um dos seus sabores.

A vida em 2m²

ENTRO CORRENDO. Estou, como sempre, atrasada. Lá dentro, o Ivan nos conduz. Curiosamente, o elevador não está lotado. Não há ninguém voltando da praia com aquela mistura de água salgada e suor nem um jovem que acordou muito atrasado para tomar banho e saiu de casa com cheiro de travesseiro. Me acompanham um homem gigante com sua mochila roçando no meu nariz, uma senhora elegante com laquê no cabelo e talco de esponja de veludo na pele e sua acompanhante, que sorri com os olhos, a moça do RH da empresa da frente, sempre montada à altura de Copacabana, mais alguém que não deu tempo de eu prestar atenção desce no oitavo andar.

Já ficaram para baixo a ginástica para o cérebro, a clínica de lipoaspiração e o aluguel de roupas de época. E também os lugares que frequento: o pilates amado, a doutora Yara, o oftalmologista e o dentista bonitão. Além da costureira e do armarinho onde minha tia Adriana dá aulas de patchwork. Descemos todos no 12º andar, subo um lance de escada e chego para mais um dia de labuta.

Eu sempre trabalhei em prédios cujos elevadores eram, além de espaçosos, frequentados por pessoas jovens, sérias, ocupadas, bem-sucedidas. E parecidas.

Daí me mudei para o Rio e fui trabalhar num prédio que é a síntese de Copacabana: uma torre de babel de uso misto, com lojas, salas comerciais, residências e somente dois escritórios grandes na cobertura. Eu desprezava tudo ali. Não entendia a razão de se ter

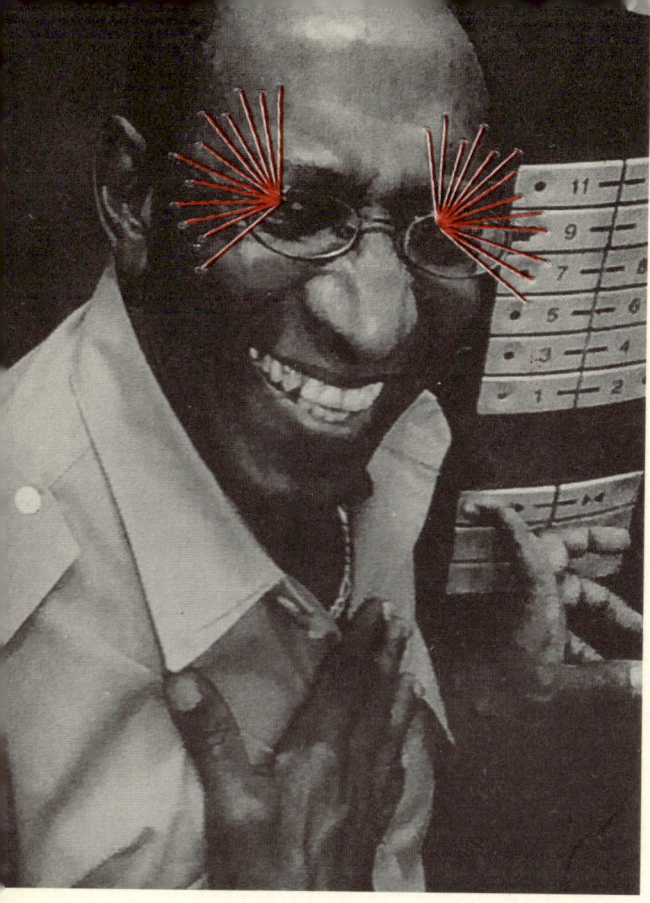

ascensorista, já chamei o porteiro de inútil, briguei com quem furava a fila e, quando fiquei presa no elevador, pensei: "Ainda bem que não tem ninguém aqui comigo tendo um treco".

Mas aí minha bolha teve que diminuir para caber neste cubículo da diversidade. Percebi que ascensorista é fundamental quando senhores não enxergam os botões e não escutam a gravação dizer quinto andar. Que é muito mais legal ficar reparando nas pessoas do que olhar para a TV da Elemidia. E que esta mistura de idades, odores, ocupações, pesos não é decadência, é a vida mesmo. Saio para almoçar com meus colegas. Pegamos o elevador do PC, nosso querido ascensorista-maratonista-flamenguista. Nem preciso pedir para ele sorrir para a foto.

Lasting love in Leme

FOI NUM domingo de manhã, numa padaria na esquina da Rua Gustavo Sampaio, no Leme, onde comíamos um queijo-quente no balcão, que percebi.

Eu havia dormido na casa dele, estava com a roupa da noite anterior, um vestido preto com brilhos. Nosso destino era a farmácia ao lado, onde eu compraria um antibiótico sem receita, com um farmacêutico conhecido, para uma dor de garganta que me impedia de falar.

Percebi, num balcão de padaria, que ele não estava mais ali. Pelo seu olhar vago vi que seu pensamento, seu sentimento, sua atenção poderiam estar em qualquer lugar. Porém, comigo, ali, eles não estavam mais. Eu estava com a roupa do passado; ele, com a vida do futuro. A dor, que vinha da garganta, tomou também minha alma. E acabou morando ali por um bom tempo. Será sempre horrível perder um amor?

Passei a evitar aquela padaria, assim como o restaurante Azumi, as ruas e a Cobal do Humaitá e outros lugares onde íamos juntos.

Mas, como dizia a minha avó, não há mal que sempre dure nem há bem que não se acabe. Num ritmo de conta-gotas, a dor foi passando, passando... e passou. Outro dia voltei àquela padaria. O queijo-quente continuava bom. O vestido brilhante voltou a ser sinônimo de festas – para as quais aceito convites.

Quando presto atenção

Copacabana no ano novo, a Blade Runner tropical

O MELHOR lugar de onde eu já vi os fogos de Copacabana foi da caixa d'água do meu prédio. Mas o melhor lugar para sentir o Ano-Novo de Copacabana será sempre na rua. De modo que neste ano desci a ladeira para ficar entre a festa na casa de amigos e andando pela rua. E desde então acho que nunca mais vou esquecer as cenas da minha caminhada na madrugada.

Às 4 e meia da manhã já via com mais distância quem à meia-noite compunha um bloco de dois milhões e meio de pessoas. Agora podia reparar em cada uma. E queria ter mil olhos para conseguir absorver tudo o que via, o mundo em alguns quarteirões.

Na Avenida Atlântica, casais dançavam encoxados num calor tal que nem tive inveja. Muitos grupos de pessoas dormiam de colherzinha no canteiro central, como os 12 talheres na mesa em dia de festa. Duas senhoras com bengalas, irmãs animadíssimas, passaram por mim. Um casal de gringos jovens, fascinados, olhava tudo com um misto de alegria e espanto. Turmas de meninas dançavam funk com a mão no chão numa variação sexy da posição do cachorro olhando para baixo da yoga. Jovens, velhos, brancos, pretos, cis, trans, cadeirantes, caminhantes.

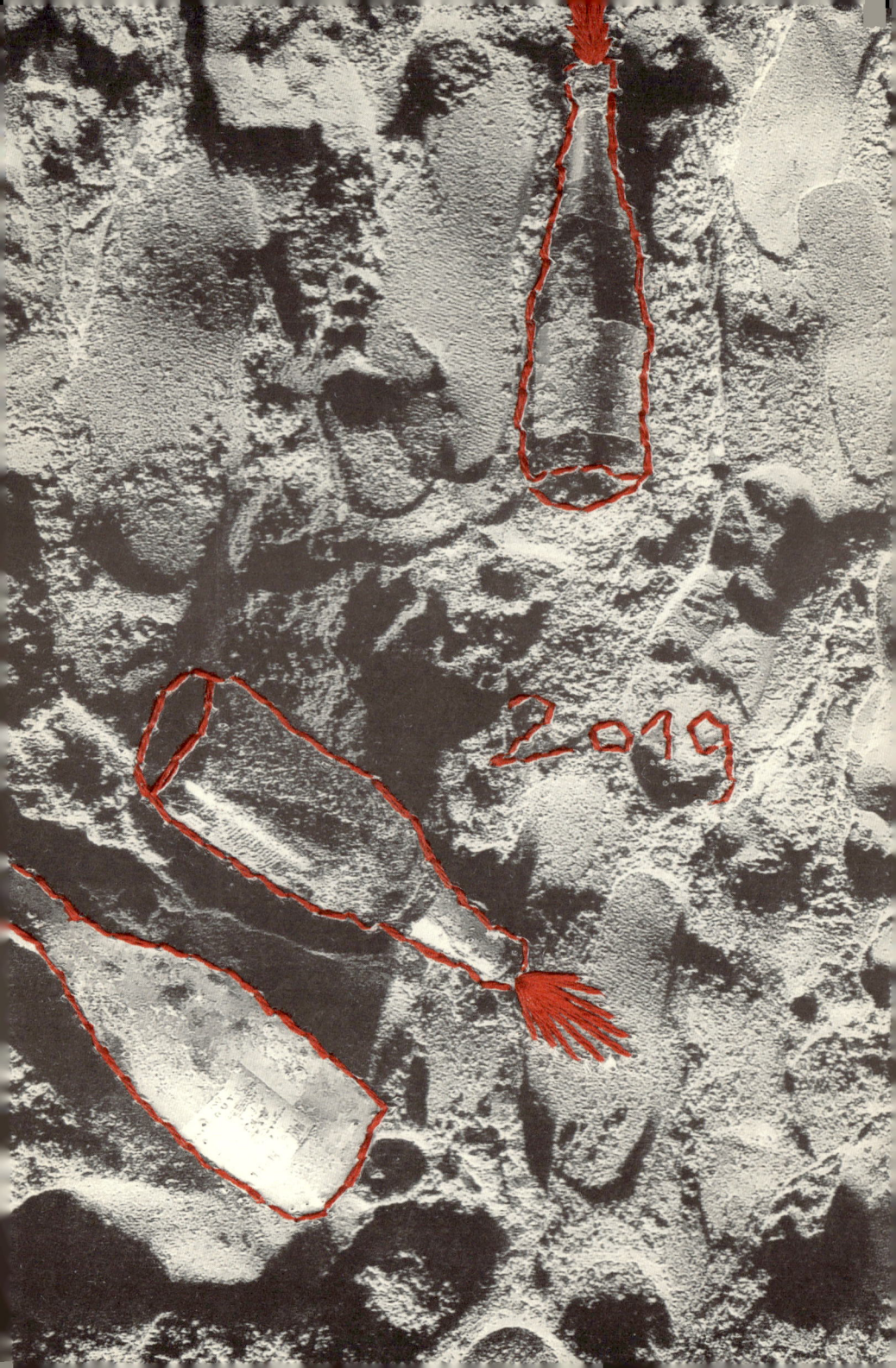

Com todas essas pessoas e com muitas outras os desejos de Ano-Novo foram transmitidos com troca de olhares, brindes e votos com a sinceridade que só temos com desconhecidos.

A atmosfera *Blade Runner tropical* era garantida pela fumaça das barracas de churrasquinho, dogão, milho. Os cheiros e a trilha sonora mudavam a cada dez passos.

Fui para a praia molhar os pés no mar dos meus dias de festa e de rotina, grata por estar ali mais uma vez. Meninos brincavam na água, provavelmente com caules de flores enroscados em suas pernas. Muitos bêbados nadavam e só por milagre mesmo não morriam. Na areia, tinha um olho no chão, para não pisar nas garrafas, e outro nos grupos de pessoas, cada uma delas no seu microuniverso à milanesa.

Subi a ladeira pensando em como Copacabana é um lugar e ao mesmo tantos. Se dias antes eu caminhava às 6 da manhã com minha cadela na praia semideserta, nesta madrugada a dividi com milhões de indivíduos. E que ali tinham pelo menos algo em comum: o desejo de um feliz Ano-Novo. Que, ainda em tempo, estendo a todos.

Resistir

MAIS UM dia de caminhada à beira-mar. Neste mar onde as ondas sempre hão de quebrar.

Nesta cidade onde o sol sempre há de nascer. E onde a lua às vezes ilumina o quarto de madrugada.

A despeito do ar meio poluído, da água nada benta e das garrafas na areia, o sol de inverno acorda a pele, o mergulho no mar conecta o corpo ao infinito e a areia sob os pés me traz para o presente; e aí penso que a potência da natureza está lá e que a vida é assim mesmo, como ela: um mix de milagre e miséria.

A despeito da cidade de esperanças cansadas, das pessoas que carregam suas doses de desilusão, a gente respira, o coração bate e a vida é agora.

E bora furar sete ondas e tomar vermífugo, andar catando as garrafas, sentir o vento com CO2 que aqui no Rio é pouco, que é na imperfeição mesmo que a gente vai vivendo a vida real, os amores possíveis, a poesia no caos; vai encontrando nossos motivos.

Viva o sol, a lua, o mar, a areia, o vento que me lembram disso. Todo dia. Todo dia.

Quando presto atenção

DADOS INTERNACIONAIS DE CATALOGAÇÃO NA PUBLICAÇÃO (CIP)

B242q Barcellos, Georgia
       Quando presto atenção / Georgia Barcellos.
      - São Paulo: Bebel Books, 2019. 32 p .: 14,8x21cm

      ISBN 978-65-900289-2-1

       1 . Crônicas brasileiras. 2. Literatura brasileira.
   I. Título

                CDU 869.0(81)-94

Bibliotecária responsável: Bruna Heller – CRB 10/2348

Índice para catálogo sistemático:
1. Literatura em português 869.0
2. Brasil (81)
3. Gênero literário: crônica -94

TEXTOS E BORDADOS Georgia Barcellos
REVISÃO Regina Pereira .
FOTOS da autora, com exceção daquelas
à página 12 (Marilia Rezende Barcellos)
e às páginas 13 e 14 (Paulo Hamam Barcellos)
DESIGN E TRATAMENTO DE IMAGEM Victor Garcia
AGRADECIMENTO Armando Antenore e Manaira Abreu
EDIÇÃO E PRODUÇÃO GRÁFICA Bebel Abreu

Esta publicação foi composta com as tipografias Recoleta,
Sofia e Sentinnel, impressa na CopySet em offset
sobre papel Pólen 90g/m2, da Suzano no miolo e Markatto
Edition Crema 200g/m2 da Fedrigoni, na capa.

Conheça as outras publicações da editora:
@bebelbooks bebelbooks.com

MARÇO, 2019